Lucy Daniels

Tierklinik Pfötchen
Ein verletztes Kätzchen

Alle Titel von **Tierklinik Pfötchen**:

Band 1: Ein verletztes Kätzchen
Band 2: Ein Kaninchen mit Bauchweh
Band 3: Kleiner Fuchs in Not
Band 4: Hilfe für den kranken Welpen
Band 5: Werde gesund, kleiner Hund!
Band 6: Kleiner Hamster, friss mal was

Lucy Daniels

Tierklinik Pfötchen

Ein verletztes Kätzchen

Aus dem Englischen übersetzt
von Sandra Margineanu

Band 1

Loewe

Mit besonderem Dank an Lucy Courtenay

FSC
www.fsc.org
MIX
Papier aus verantwortungsvollen Quellen
FSC® C014496

Klimaneutral
Druckprodukt
ClimatePartner.com/18521-2202-1001

ISBN 978-3-7432-0543-7
3. Auflage 2023
erschienen unter dem Originaltitel *Animal Ark - Kitten Rescue*

Erschienen in der Originalserie *Animal Ark*

Aus dem Englischen übersetzt von Sandra Margineanu
Umschlaggestaltung: Ramona Karl
Printed in the EU

www.loewe-verlag.de

Inhalt

Ein riesiger Schock 11

Der beste Ort der Welt 26

Amelies großer Traum 41

Ein neuer Freund 58

Die besondere Überraschung 76

Sorge um die Kätzchen 91

Wo ist die Katzenmama? 105

Ende gut, alles gut! 119

Ein riesiger Schock

Amelie Hayland blickte auf den großen Stapel Umzugskisten, der in der Ecke ihres neuen Zimmers stand.

„**Puh!** Ich weiß nicht, wo ich anfangen soll", seufzte sie.

„Geh es einfach ganz langsam an", meinte ihre Mutter aufmunternd. Sie öffnete eine Kiste und nahm einige von Amelies liebsten Tierbüchern heraus.

„**Hier**“, sagte sie und reichte ihrer Tochter die Bücher. „Fang doch mit diesen hier an.“

Amelie griff nach den Büchern, aber auf einmal überkam sie schreckliches Heimweh. Mit einem tiefen Seufzer ließ sie sich auf ihr Bett fallen.

Ihre Mutter setzte sich neben sie und legte Amelie den Arm um die Schultern. Ihre blauen Augen hatten die gleiche Farbe wie Amelies.

Sie blickte ihre Tochter liebevoll an. „Es fühlt sich alles ein bisschen seltsam an, nicht wahr?", sagte sie leise. „Aber du musst dir keine Sorgen machen. Hier bei Oma werden wir sehr glücklich werden. **Versprochen!**"

„Ich weiß", murmelte Amelie und versuchte, nicht so traurig zu klingen. „Es geht mir gut, Mama. **Ehrlich!** Ich packe nun erst mal meine restlichen Sachen aus, okay?"

Ihre Mutter gab ihr einen Kuss auf die Stirn und ging nach unten. Amelie holte tief Luft und stellte die Tierbücher auf das Regalbrett über ihrem Bett. In ihrem früheren Zuhause hatte das Bücherregal neben der Tür gestanden. Doch sie wollte nicht an ihr altes, geliebtes Zimmer denken, mit der gepunkteten Tapete und den Leuchtsternen an der Decke. Aber es fiel ihr sehr schwer. Ein paar

Dinge in dem neuen Zimmer gefielen ihr schon – der gemütliche Sitzplatz am Fenster und die Dachschräge. Amelie war immer gern bei ihrer Oma zu Besuch gewesen, aber es fühlte sich einfach nicht wie ihr Zuhause an.

Sie arbeitete sich weiter durch die Umzugskisten. Ihre Spielkonsole stellte sie auf den Schrank neben den Computer und gleich daneben stapelte sie ihre Zeitschriften. Das Tablet mit dem niedlichen Meerschweinchen-Aufkleber legte sie in eine Schublade. Obwohl ihre Sachen nun im Raum verteilt waren, fühlte sich das Zimmer immer noch fremd an.

Amelie biss sich auf die Lippe. Sie hatte ihre Freunde und alles, was sie kannte, in York zurückgelassen – auch ihren Vater. Er und ihre Mutter hatten sich scheiden lassen. „Wie es wohl sein wird, in Welford zu leben?", überlegte sie. Würde sie neue Freunde finden? Und was war mit der Schule? Nächste Woche waren die Ferien vorbei. Es hatte sich alles so furchtbar schnell verändert.

Ihre Augen füllten sich plötzlich mit Tränen. Amelie machte es sich an dem Fensterplatz gemütlich, umschlang ihre Beine mit den Armen und

drückte sie eng an die Brust. Auf der Wiese unten im Garten pickte eine Amsel nach Würmern. Ein Eichhörnchen lief rasend schnell einen Baum hinauf. Und über dem Teich schimmerte etwas in Regenbogenfarben. War das etwa eine Libelle? Trotz ihres Kummers war Amelie auf einmal ganz aufgeregt.

„In der Nähe von Tieren geht es mir immer gleich viel besser", dachte sie und wischte sich die Tränen weg. „Und ich habe noch nie irgendwo gewohnt, wo es so viele unterschiedliche Tiere gibt." Aus ihrer Wohnung in York hatte sie nur die Wand des Nachbarhauses und eine Reihe Mülltonnen gesehen.

Hier in Welford zu wohnen war vielleicht doch nicht so schlecht. Im Erdgeschoss des Hauses standen halb ausgepackte Kisten mit Tellern und

Schüsseln auf dem Küchentisch. Auf der glänzenden Arbeitsfläche stand eine Rührschüssel. Amelies Mutter stellte gerade den Backofen ein. „Eier", murmelte sie vor sich hin. „Warum habe ich nur keine Eier gekauft?"

„Was machst du da, Mama?", fragte Amelie.

Ihre Mutter seufzte. „Salz-Karamell-Törtchen", sagte sie. „Aber wir haben keine Eier." Sie machte ein trauriges Gesicht wie sieben Tage Regenwetter. Amelie hatte diesen Gesichtsausdruck seit der Scheidung schon oft gesehen. Sie wusste, dass der Umzug ihrer Mutter auch schwerfiel.

„Ich könnte bei meiner Freundin Dana Eier holen", bot Amelies Großmutter an, die in der Küchentür stand. „Sie wohnt ein wenig außerhalb des Dorfes und hält Hühner. Frischere Eier bekommt man nirgends."

„*Ich* könnte sie doch kaufen gehen", schlug Amelie vor. Dann musste ihre Mutter sich um eine Sache weniger sorgen und sie selbst würde unterwegs bestimmt noch mehr Tiere sehen. Vielleicht ein paar Enten auf dem Teich oder Kaninchen auf den Feldern?

Ihre Mutter wuschelte Amelie durch die Haare. „Das ist eine **gute Idee!** Aber ich kann dich nicht begleiten. Ich muss noch so viel auspacken."

„Das ist eine der schönen Seiten des Landlebens", warf Amelies Oma ein. „Hier auf dem Land ist es viel ungefährlicher, als allein durch die große Stadt zu spazieren. Wenn Amelie gut aufpasst, kann sie gern zu Dana gehen."

Amelies Herz machte vor Freude einen Hüpfer. „Ich passe auf, **versprochen**!"

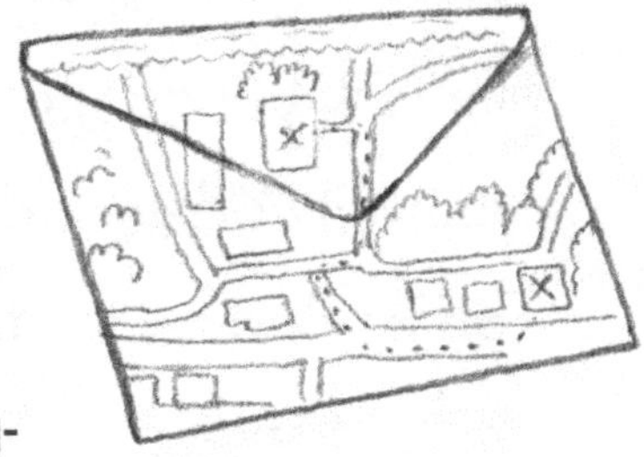

Ihre Oma zeichnete ihr schnell eine Karte auf die Rückseite eines Briefumschlags. „Wenn du diese Straße entlangläufst", erklärte sie und deutete mit dem Zeigefinger darauf, „dann bist du in Nullkommanichts bei Danas Hof. **Viel Spaß!** Und geh ja nicht verloren!"

Amelie steckte die Karte in ihre hintere Hosentasche und machte sich auf den Weg. Warme Sonnenstrahlen fielen ihr ins Gesicht, als sie der Straße folgte. Sie ging an einem Schild vorbei, auf dem *Gästehaus* stand. An der Bushaltestelle bog sie links ab und lief dann geradeaus zum Dorfteich. Am Ufer des Teichs wuchs grünes Schilf und zwei Stockenten unterhielten sich quakend.

„Das Dorf ist größer, als ich dachte", stellte Amelie fest. Sie ging an einem Indischen Schnellrestaurant vorbei und sah auf der Speisekarte nach, ob es dort auch ihr Lieblingsgericht gab – Kokosnuss-Naan-Brot. **Tatsächlich! Lecker!** Dann warf sie einen Blick in das Zeitschriftengeschäft gleich nebenan. Dort gab es sehr viele Zeitschriften, deshalb nahm sich Amelie vor, ein andermal wiederzukommen, um in aller Ruhe ein wenig zu stöbern.

Laut Omas Karte musste sie nach dem *Gasthaus Fuchs und Gans* abbiegen. Sie lief die schmale, beschattete Straße weiter.

Eier zu verkaufen stand auf einem Schild am Tor eines großen

Hofes. Amelie grinste. Sie ging zu dem Wohnhaus und klopfte an die Tür. Eine Frau mit dünnem schwarzem Haar und großen blauen Augen öffnete ihr.

„Du musst Amelie sein", begrüßte die Frau sie lächelnd.

Amelie nickte überrascht. „Woher wissen Sie das?"

„Deine Oma hat angerufen und mich gebeten, nach dir Ausschau zu halten. Ich heiße Dana." Sie drückte Amelie einen Karton mit glänzenden braunen Eiern in die Hände. „Ein halbes Dutzend Eier von Freilandhühnern, heute Morgen frisch gelegt."

„**Danke!**" Amelie gab Dana das Geld und steckte den Eierkarton vorsichtig in ihren Rucksack. „Wir heben ein Salz-Karamell-Törtchen für

Sie auf", sagte sie, bevor sie sich auf den Rückweg machte.

Unterwegs blieb sie kurz stehen, um einem Bauern und seinem Hütehund zuzusehen, die Schafe auf eine Weide trieben. Außerdem linste sie in einen Stall, wo gerade ein Pony gestriegelt wurde. Lautes Schnattern machte sie neugierig. Sie sah sich um und grinste. Drei weitere Enten landeten gerade auf dem Dorfteich. Mit weit ausgebreiteten Flügeln und gespreizten Füßen trafen sie auf dem Wasser auf.

Amelie sprang die Stufen zur Straße hinunter, da fielen ihr plötzlich die Eier in ihrem Rucksack ein. **Ups!** Sie öffnete den Karton und war froh, dass alle Eier heil geblieben waren. Doch dann hätte sie den Karton beinahe fallen gelassen, denn eine weiß-braun-rot gefleckte Katze flitzte vor ihr über die Straße.

„**Warte!**", rief Amelie. Aber die Katze kletterte blitzschnell über die Mauer auf der anderen Straßenseite und verschwand. „Hat die Katze ein Halsband getragen?", grübelte Amelie. Sie war sich nicht sicher, aber sie glaubte nicht. „Wem sie wohl gehört? Und vor was ist sie nur davongelaufen?"

„**Wuff! Wuff!**"

Amelie wirbelte herum. Ein süßer kleiner Terrier-Welpe rannte auf die Straße. Seine rosa Zunge hing ihm aus dem Maul. Er hatte kurze

Beine, eine lange Schnauze und sein weißes Fell lockte sich. Der Welpe jagte zweifellos die Katze. Doch als der kleine Hund die Straße überquert und die Mauer erreicht hatte, konnte er sie nicht weiter verfolgen. Laut bellend rannte er die Straße auf und ab.

Auf einmal hörte Amelie ein dumpfes Motorengeräusch. „Was nun?", dachte sie und sah sich um. In der Ferne näherte sich ein Auto. Amelie stöhnte entsetzt auf. Der Wagen fuhr direkt auf den Welpen zu. Ihr Herz schlug bis zum Hals.

Ohne nachzudenken rannte Amelie auf die Straße und riss die Arme hoch. Die Eier segelten durch die Luft und landeten schwungvoll auf dem Gehweg.

„**Halt!**", schrie sie und schloss die Augen.

Der beste Ort der Welt

Reifen quietschten und Amelie zuckte zusammen. Sie öffnete die Augen und sah, dass das Auto angehalten hatte – gerade noch rechtzeitig. Der kleine Hund stand wie erstarrt da, eine Pfote in die Luft gereckt. Amelie rannte zur Fahrerseite.

„**Vielen Dank**", keuchte sie völlig außer Atem. „Ich hatte solche Angst, dass Sie den Welpen nicht sehen."

Die junge Frau am Steuer war vor Schreck

ganz blass. Sie strich sich das dunkelblonde Haar aus dem Gesicht, schnallte sich ab und stieg aus dem Auto. Der kleine Terrier rannte bellend im Kreis.

„Ist das dein Hund?", fragte die Frau. Sie war ganz wackelig auf den Beinen und ihre Stimme zitterte leicht.

Amelie schüttelte den Kopf. „Ich bin auf dem Rückweg zu meiner Oma. Eine Katze ist gerade über die Straße gerannt. Der Hund hat sie gejagt."

„Zum Glück hast du mich gestoppt", sagte die Frau. „Wir sollten den Welpen besser einfangen, oder? Bevor noch mehr Autos die Straße entlangkommen."

Amelie und die blonde Frau näherten sich langsam dem Terrier, aber er sprang immer wieder zur Seite und kläffte fröhlich. „Er hält es für ein Spiel", begriff Amelie. Der Hund sah wirklich noch sehr jung aus. Er reagierte nicht, als sie „**Sitz!**" und „**Platz!**" zu ihm sagten. Er bellte nur, wedelte mit dem Schwanz und hüpfte hierhin und dorthin. Ein Halsband trug er nicht. Als er an Amelie vorbeirannte, schlang

sie ihre Arme blitzschnell um seinen weichen Bauch. Doch dann rutschte sie im Eiermatsch aus und der Hund entwischte ihr. Beinahe hätte sie ihn gehabt!

„Ganz schön lebhaft, nicht wahr?", sagte die junge Frau und wischte sich über die Stirn. „Vielleicht wäre es leichter, ihn am Kragen zu packen, also an der Haut im Nacken. So tragen Hundemütter ihre Jungen." Sie grinste. „Ich heiße übrigens Mandy. Mandy Hope."

„Amelie Haywood", stellte sie sich keuchend vor. „Ich bin gerade erst mit meiner Mutter nach Welford gezogen. Wir wohnen bei meiner Oma." Sie sah prüfend an sich hinunter, ob sie Eigelb auf der Hose hatte. „**Oh**, ich habe eine Idee." Amelie tauchte ihre Finger in die Pfütze aus Eiermatsch, dann streckte sie die Hand aus.

„Komm her, Kleiner", lockte sie den Hund. „Mmh, leckere Eierpampe."

Der Welpe schnupperte und kam näher. Näher und näher ...

„**Hab dich!**" Amelie packte den kleinen Hund im Genick und nahm ihn auf den Arm. Er war warm und zappelig.

„**Gut gemacht!**", lobte Mandy, während der Welpe Amelies Gesicht abschleckte. „Das war sehr schlau von dir."

„**Wuff!**", machte der Welpe. Sein Schwänzchen wedelte wild hin und her. „Er ist so niedlich", dachte Amelie. „Und so frech!"

„Von der Katze ist nichts zu sehen", sagte sie

besorgt, als sie sich plötzlich wieder an das gefleckte Tier erinnerte. „Ob es ihr gut geht?"

„Sie versteckt sich wahrscheinlich irgendwo", vermutete Mandy. „Mach dir keine Sorgen. Katzen finden leicht zurück nach Hause."

„**Da bist du ja**, Amelie!"

Amelie drehte sich um. Ihre Oma kam die Straße herunter und schirmte die Augen mit der Hand gegen die Sonne ab.

„Deine Mutter und ich haben uns schon gefragt, ob du verloren gegangen bist", sagte sie. „**Hallo**, Mandy."

„Carla!", sagte Mandy. „Du bist also Amelies Großmutter."

„Das bin ich", entgegnete sie.

„Ihr kennt euch?", fragte Amelie überrascht.

Ihre Oma lächelte. „Hier in Welford kennt jeder

jeden, Liebling. Das wirst du auch bald lernen." Sie betrachtete den kleinen Hund auf Amelies Arm. „Wen hast du denn da?"

Amelie erklärte ihr, was passiert war.

„Er trägt kein Halsband", sagte Mandy und kitzelte den Terrier am kugelrunden Bäuchlein. „Ich bringe ihn gleich zur *Tierklinik Pfötchen*. Dort weiß vielleicht jemand, wem er gehört."

„Tierklinik Pfötchen?", wiederholte Amelie neugierig.

„Das ist die Tierarztpraxis hier in Welford", erklärte Mandy. „Sie gehört meinen Eltern."

Eine Tierklinik! Amelie stellte sich einen hell erleuchteten, modernen Behandlungsraum voll mit notleidenden Tieren vor.

„**Wuff! Wuff!**"

Erst jetzt merkte Amelie, dass sie den Welpen

in ihrer Aufregung ein wenig zu fest an sich gedrückt hatte. Sie küsste ihn auf den Kopf, dann sah sie zu Mandy und ihrer Oma. „Kann ich mitkommen?", bat sie. „Ich war noch nie in einer Tierklinik."

„Wenn Mandy einverstanden ist, bin ich es auch", erwiderte ihre Oma.

„**Klar** kannst du mitkommen!", sagte Mandy. „Es wird dir gefallen. Wir fahren mit dem Auto hin, das dauert nur fünf Minuten."

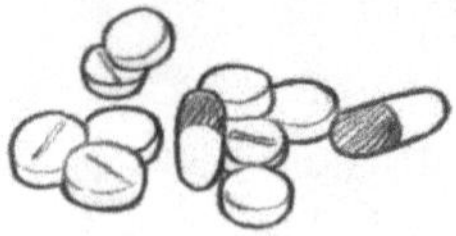

Da fiel Amelie plötzlich etwas ein. „Tut mir leid, Oma“, sagte sie und biss sich auf die Lippe. „Aber mir sind die Eier hingefallen und …“

„Und sie hat die Eierpampe benutzt, um den Hund einzufangen“, beendete Mandy grinsend den Satz.

„Na, dann waren sie immerhin für etwas gut“, meinte ihre Oma lächelnd. „Nicht schlimm, ich gehe schnell zu Dana und hole neue. Jetzt los mit euch, ab zur *Tierklinik Pfötchen*. **Viel Spaß!**“

Amelie stieg ins Auto und hielt den lebhaften Welpen auf ihrem Schoß fest. Auf dem Rücksitz standen ein Koffer und Kisten mit Büchern und Kleidung.

„Ich bin auf dem Weg zur Universität“, erklärte Mandy und fischte den Autoschlüssel aus ihrer Hosentasche. „Ich studiere Tiermedizin, denn ich

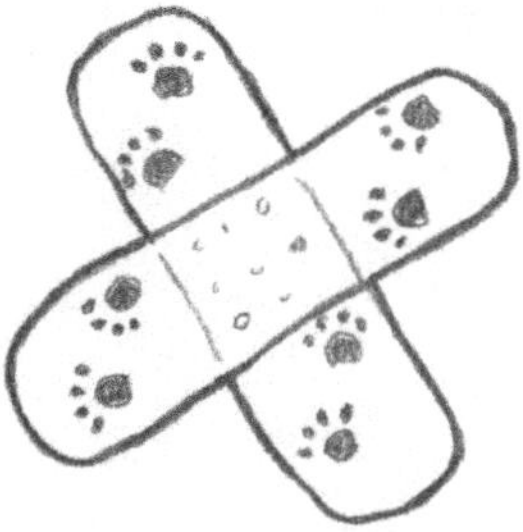

möchte Tierärztin werden. So wie meine Eltern."

„**Tierärztin!**" Amelie sah Mandy erstaunt an. „Das ist **toll**!"

Als Mandy den Motor startete, fing der kleine Terrier an zu winseln. Amelie kuschelte sich fest an den Welpen. Es musste komisch für ihn sein, ohne irgendetwas Vertrautes in diesem fremden Auto zu sitzen. „Ich weiß, wie du dich fühlst", dachte sie und streichelte ihm über seine weichen Ohren. „**Du armer Kleiner**", flüsterte sie sanft. „Wir finden dein Herrchen bestimmt ganz bald."

Der Welpe hörte auf zu winseln und schleckte ihr die Hand ab. Amelie betrachtete Mandy, während sie eine schmale Straße entlangfuhren, mit Häusern aus Stein und bunten Blumen davor. „Wie cool es sein muss, sich die ganze Zeit um

kranke und
verletzte Tiere zu
kümmern“, dachte sie. „Vielleicht
werde ich eines Tages auch Tierärztin.“

Die Worte *Tierklinik Pfötchen* waren mit großen schwarzen Buchstaben auf ein Holzschild am Ende der Straße geschrieben. Amelie richtete sich auf und sah aus dem Seitenfenster. Sie hielten auf einem kleinen Parkplatz. Die

Klinik sah überhaupt nicht so aus, wie Amelie sie sich vorgestellt hatte: Statt eines modernen Gebäudes ragte ein normales Haus vor ihr auf. Ein ganz gewöhnliches Haus aus Stein, mit Geranien in Blumenkübeln davor und drei breiten Stufen, die zur Eingangstür hinaufführten.

Da öffnete sich die Tür und ein Mann mit einer Dogge kam heraus. Der riesige Hund wedelte trotz des Verbands um seine Pfote mit dem Schwanz. Ein kleiner Junge und seine Mutter hielten die Tür für eine Frau auf, die einen Katzenkorb trug. Der Junge selbst hielt einen kleinen Käfig in der Hand, in dem ein weißes Kaninchen saß.

Amelie war ganz aufgeregt. „**So viele Tiere!**", sagte sie begeistert.

Mandy grinste. „Warte ab, bis wir drinnen sind."

Amelie folgte Mandy die Treppe hinauf und durch die Glastür. Im Inneren war es genau so, wie Amelie es sich vorgestellt hatte. Der Warteraum war hell und sauber und voll mit Leuten und

ihren Haustieren. Die Tiere saßen auf dem Schoß ihrer Herrchen oder standen zu ihren Füßen. Amelie wusste nicht, wo sie zuerst hinsehen sollte. Da war ein Labrador mit einer Halskrause aus Plastik und mehrere Katzen in Transportkörben, die sich durch die Gittertüren neugierig beäugten.

Zwei Meerschweinchen quiekten laut. Eine Frau, die auf der anderen Seite des Raumes saß, hatte einen blauen Papagei in einem großen Käfig dabei.

Amelie war überglücklich. *Tierklinik Pfötchen* ist **der beste Ort der Welt!**

Amelies großer Traum

„Ich habe noch nie so viele Tiere auf einmal gesehen“, hauchte Amelie entzückt. Sie konnte nicht aufhören, die Tiere anzuschauen. Eine Frau hatte eine Plastikkiste mit Sand auf dem Schoß, in der ein kleiner grüner Gecko saß. Unter einem Stuhl kaute ein Dackel auf einem Gummiknochen.

„Ich weiß, es ist **toll**!“ Mandys Augen strahlten. „Ich werde die Tierklinik Pfötchen sehr vermissen,

wenn ich an der Uni bin. Komm, ich stelle dich erst mal vor."

Der Terrier-Welpe auf Amelies Arm streckte sich und leckte ihr über die Nase. Amelie kuschelte ihn an sich und ging hinter Mandy her zum Empfangstresen. Der kleine Hund jaulte und zappelte und versuchte, sich aus ihren Armen zu befreien. Sehnsüchtig starrte er eine schwarze Katze in einer blauen Transportbox an.

„Schon zurück, Mandy?", fragte eine Frau am Tresen, die im Rollstuhl saß. Sie lächelte Amelie an.

„Ja, früher als gedacht!", sagte Mandy. „Aber ich kann ein Tier in Not nicht einfach im Stich lassen. Amelie, das ist Julia Kaminski. Julia, das ist Amelie, **eine wahre Hunderetterin!** Sie ist neu hier im Dorf."

Julia strich sich ihr Haar hinter die Ohren. „Willkommen in Welford, Amelie", sagte sie. „Der Kleine ist ein ganz schöner Racker, was?"

„**Absolut**", antwortete Amelie etwas außer Atem.

Mandy klopfte an die Tür neben dem Empfangstresen. „Simon?", rief sie. „Ich bin es. Kann ich reinkommen?"

„Hast du etwa schon genug von der Uni?", ertönte es.

Amelie folgte Mandy in einen kleinen Raum mit einem hoch gelegenen schmalen Fenster. Ein Mann kämpfte mit etwas Großem Flauschigem und einer Waage auf einem Behandlungstisch. Inmitten des Fellknäuels erkannte Amelie zwei glänzende Augen, eine zuckende Nase und zwei lange Hängeohren.

„Ist das Kaninchen ein Französischer Widder?“, fragte sie neugierig.

Als er das Fellknäuel endlich fester in den Griff bekam, pustete der Mann sich die Haare aus der Stirn. „Blümchen ist tatsächlich ein Kaninchen dieser Rasse“, sagte er. „Sie wiegt sechs Kilo. Was hast du nur gefressen, Blümchen?“

„Simon ist unser Tierarzthelfer", erklärte Mandy amüsiert. „Er bekommt immer die besonders spaßigen Aufgaben."

Amelie hätte Blümchen gern gestreichelt, aber sie traute sich nicht, den kleinen Hund in ihren Armen loszulassen. Er schnupperte sehr interessiert nach dem Kaninchen. Gemeinsam mit Amelie ging Mandy wieder in die Eingangshalle und zeigte ihr die unterschiedlichen Bereiche der Tierklinik.

„Dort drin sind alle Sachen, die wir so brauchen", erklärte sie und zeigte Amelie einen Raum hinter dem Empfangstresen. „Und da hinten ist unser Hotel."

„Hotel?", wiederholte Amelie verdutzt. Sie stellte sich Zimmer mit großen Betten und weißen Handtüchern vor.

Mandy lachte. „Manchmal müssen Tiere über Nacht in der Klinik bleiben. Dort schlafen sie dann."

Sie hielt die Tür auf, damit Amelie hineinsehen konnte. Mehrere Käfige standen entlang der hinteren Wand. Zwei waren bewohnt. In einem Käfig saß eine Katze mit verbundenem Schwanz und in dem anderen ein Hamster, der halb im Streu verschwunden war und ein geschientes Hinterbein hatte. Die Katze blickte Amelie aus großen grünen Augen müde an.

Amelie drehte sich um und sah zwei Ärzte aus den Behandlungszimmern kommen. Beide trugen grüne Operationskleidung – locker sitzende Hemden und Hosen – und hatten den gleichen überraschten Gesichtsausdruck.

„**Hallo**, Mama, **hallo**, Papa", sagte Mandy. „Das ist Amelie. Wie der Hund heißt, wissen wir nicht. Wir haben ihn auf der Straße gefunden, ohne Halsband."

„**Typisch**", sagte Mrs Hope lachend. „Erst vor einer Stunde haben wir uns von dir verabschiedet und schon bist du wieder mit einem Tier in Not zurück."

Mr Hope lächelte Amelie an. „Hat Mandy dich etwa auch gerettet?"

„Ich glaube schon", antwortete Amelie mit geröteten Wangen. Plötzlich war sie schüchtern. „Ich bin neu hier in Welford."

„Als ich so alt war wie du, habe ich angefangen, in der Tierklinik zu helfen", erzählte Mandy.

„Das stimmt." Mrs Hope streichelte den Terrier zwischen den Ohren. Sie lächelte ihre Tochter an. „Ohne dich ist es irgendwie ganz komisch hier, Schatz."

Amelies Herz klopfte schneller. Sie sah sehnsüchtig zu den Tierpostern an den Wänden und der Pinnwand mit den Gassi-Geh-Gesuchen. Sollte sie wirklich fragen? Einen Versuch war es wert ...

„Vielleicht könnte *ich* stattdessen aushelfen", schlug sie zaghaft vor. „Ich meine, solange Mandy weg ist. Es wäre so wunderbar, bei den Tieren sein zu dürfen."

Mr und Mrs Hope warfen sich einen Blick zu. Sie sahen unsicher aus.

„Nun“, sagte Mrs Hope langsam. „Dein Angebot ist wirklich sehr nett. Aber in einer Tierklinik auszuhelfen ist schwieriger, als viele denken.“

Mr Hope nickte. „Es gibt hier nicht nur niedliche Welpen zu sehen“, sagte er. „Die meisten Tiere, die zu uns kommen, sind ernstlich krank. Sich um sie zu kümmern, ist schwere Arbeit.“

„Vielleicht wenn du ein wenig älter bist“, meinte Mrs Hope. „Aber jetzt wäre das noch zu viel Verantwortung für dich.“

Es fühlte sich an, als würde Amelies Traum wie eine Seifenblase zerplatzen. „**Oh**“, sagte sie. „Dann vielleicht irgendwann.“

„**Komm her, Kleiner**“, sagte Mandy und hob den Terrier behutsam aus Amelies Armen. „Lass uns herausfinden, wer du bist.“

Amelie folgte Mandy in ein Behandlungs-

zimmer. Dort setzte Mandy den Hund auf den Untersuchungstisch und öffnete einen Schrank. Sie holte ein Handgerät mit einem Digitalbildschirm heraus. „Das ist ein Mikrochip-Scanner", erklärte sie Amelie. Mandy hielt den Scanner über den Körper des Terriers und fuhr ein paarmal über seinen Nacken und den Rücken. Auf einmal piepste das Gerät.

„**Aha!**“, sagte sie und sah auf den Bildschirm. „Er hat einen Chip.“

„Und was verrät der uns?“, fragte Amelie gespannt und reckte neugierig den Hals.

Mandy zeigte ihr eine lange Reihe Zahlen. „Ich muss nur auf der Webseite nachsehen“, sagte sie, wandte sich zum Computer um und tippte die Zahlen ein. „Hier ist er. Er heißt **Mac**.“

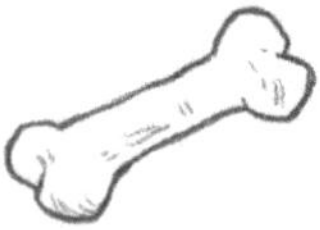

„**Wuff!**“, machte der Hund und spitzte die Ohren.

„Ja, das bist du“, sagte Amelie und wuschelte dem Hund durch das weiche Fell. „Also, Mac, wem gehörst du?“

„Baxter“, las Mandy laut vor. „Den Baxters gehört das Gästehaus im Dorf. Hier steht ihre Telefonnummer.“ Sie griff nach dem Telefon und wählte die Nummer. Im Gespräch erklärte

Mandy, was passiert war. Am anderen Ende der Leitung hörte Amelie einen erleichterten Aufschrei. „Es geht ihm gut", versicherte Mandy. „Ja, das verstehen wir. **Kein Problem**, Mrs Baxter, wir passen auf Mac auf. Gut. Auf Wiederhören." Sie legte auf.

„Gleich reisen neue Gäste an, deshalb können sie Mac nicht abholen. Du musst noch eine Weile hierbleiben, Kleiner."

Der Hund winselte. Amelie hatte Mitleid mit ihm. Er vermisste sein Herrchen, das konnte sie spüren.

„Wo wohnen die Baxters genau?", fragte sie.

„Etwa fünfzehn Minuten zu Fuß von hier", sagte Mrs Hope. Sie und ihr Mann waren zu ihnen ins Behandlungszimmer gekommen.

Da hatte Amelie eine Idee. Mut erfüllte sie.

„Das ist **meine Chance**!", dachte sie. „So kann ich beweisen, dass ich doch dafür geeignet bin, in der Klinik zu helfen."

„Ich könnte ihn nach Hause bringen", schlug sie vor.

Mr und Mrs Hope sahen sich erneut an. Diesmal schienen sie erfreut zu sein.

„**Gute Idee**", sagte Mrs Hope. „Wir haben heute sehr viel zu tun."

„Ich zeige dir den Weg", bot Mandy an. „Es macht nichts, wenn ich noch ein wenig später zur Uni komme."

Mr Hope ging in den Vorratsraum und kam mit einem roten Halsband und einer Leine zurück. „Die kann Mac sich ausleihen", sagte er. „Die Baxters können sie später zurückbringen."

Mac hielt ganz still, als Amelie ihm vorsichtig

das Halsband anlegte. „Als ob er wüsste, dass er nach Hause darf“, dachte sie. Sie befestigte die Leine und setzte ihn auf den Boden.

„**Komm**, Mac“, sagte Amelie. Mandy hielt ihnen die Tür auf. „**Gassi!**“

Die beiden Mädchen gingen los und Mac trottete vor ihnen her. Er zerrte an der Leine und

zog Amelie die Auffahrt hinunter zur Straße. Sein Schwanz wedelte glücklich hin und her, während er am Boden schnupperte.

„Es fühlt sich an, als ob er mich ausführen würde und nicht umgekehrt", meinte Amelie. Sie musste joggen, um mit dem Hund Schritt zu halten.

„**Mac! Bei Fuß!**", rief Mandy.

Aber Mac beachtete sie nicht. Amelie fühlte sich, als würde der Welpe ihr den Arm aus der Schulter reißen. In York war sie manchmal mit den älteren Terriern ihrer Tante Gassi gegangen, aber Mac war ganz anders. Er hatte es eilig, schnüffelte überall und sprang ausgelassen hin und her. Sein Schwänzchen wedelte unablässig. Als sie das Ende der Straße erreichten, hielt er seine Nase tief über den Boden.

„Ich glaube, er nimmt eine Fährte auf", sagte Mandy, denn Macs Schwanz wedelte jetzt noch viel heftiger. „Soll ich die Leine eine Weile halten?"

„Nein, es geht schon", sagte Amelie. „Ich schaffe das ..."

Plötzlich machte Mac einen Satz nach vorn und die Leine rutschte Amelie aus der Hand.

„**Oh nein!**", rief sie verzweifelt, als der Hund bellend davonraste. „Mac! **Mac! Komm zurück!**"

Das Herz schlug ihr bis zum Hals. Wenn Mac erneut verloren ging, war es ganz allein ihre Schuld.

Ein neuer Freund

Hastig rannte Amelie dem Welpen hinterher. Mandy folgte ihr. Amelies Herz pochte vor Angst. Sie stolperte über Büschel von Unkraut und durch Schlaglöcher. Was, wenn wieder ein Auto um die Ecke kam und sie es diesmal nicht rechtzeitig stoppen konnte? Sie würde es sich nie verzeihen, wenn Mac verletzt würde.

Als sie die Straßenecke erreichte, sah Amelie sich panisch nach links und rechts um. Keine

Autos weit und breit – nur ein Fahrrad, das sich schnell näherte.

Mac rannte auf das Rad zu.

„**Achtung!**", rief Amelie und wedelte mit den Armen.

„**Halt!**", rief Mandy. „**Der Hund!**"

Doch Mac lief weiter auf das Fahrrad zu und das Vorderrad eierte. Schwarze Locken kringelten unter dem silbernen Helm des Fahrers. Amelie konnte kaum hinsehen, als das Rad schlingernd zum Stehen kam und der Radfahrer absprang. Es war ein Junge in Amelies Alter.

Der Junge kniete sich hin und breitete die Arme aus. „**Mac!**", rief er keuchend und der kleine Hund schleckte ihm stürmisch durch das Gesicht. „Ich habe mir solche Sorgen um dich gemacht."

„**Wuff!**", kläffte Mac glücklich.

Der Junge setzte den Helm ab.

Amelie atmete erleichtert auf und stützte die Hände auf den Knien ab.

„**Hallo!**", sagte der Junge freundlich lächelnd. „Ich bin Sam. **Sam Baxter**. Mama hat mir erzählt, dass jemand von der *Tierklinik Pfötchen* angerufen hat, weil ihr Mac gefunden habt. Wo hat der Schlingel nur gesteckt?"

„Amelie hat ihn gefunden, als er gerade eine Katze gejagt hat", erklärte Mandy atemlos.

„Ich wollte ihn im Garten baden", erzählte Sam. „Als ich ihm gerade das Halsband abgenommen hatte, hat er eine Katze auf der Gartenmauer entdeckt. Und weg war er!" Er schüttelte den Kopf. „Ich habe ihn einfach nicht mehr erwischt. Ich hatte echt Angst, dass niemand ohne sein Halsband herausfinden würde, wer er ist."

„Jetzt hast du ihn ja heil wieder zurück", sagte Mandy grinsend.

Amelie versuchte ebenfalls zu lächeln, aber bei dem Gedanken, sich von Mac trennen zu müssen, bildete sich ein Kloß in ihrem Hals. „Sei nicht albern", dachte sie. „Er ist Sams Hund." Trotzdem wünschte sie sich, noch viel mehr Zeit mit dem niedlichen Welpen verbringen zu können.

„Wir haben seinen Chip in der Tierklinik kontrolliert", erklärte sie.

Sam strahlte über das ganze Gesicht. „Den habe ich total vergessen. **Cool!**"

Mac fing an zu winseln und wuselte um

Amelies Beine herum. Sie bückte sich und streichelte über seine Ohren.

„Bei mir musst du dich nicht entschuldigen, Mac", sagte Amelie, während der Welpe ihre Hand abschleckte. „Entschuldige dich bei Sam."

Mac legte den Kopf schief und sah Sam an. „**Wuff!**", machte er, als ob er wirklich „tut mir leid" sagen würde.

Sam musste lachen. Und Amelie konnte nicht anders und lachte ebenfalls.

„Er mag dich", sagte Sam grinsend. „Willst du mit zu mir kommen? Dann können wir mit ihm spielen."

„Echt?", fragte Amelie. „Das wäre **toll**!"

„Ich gehe zurück zur Tierklinik und hole mein Auto", sagte Mandy. Sam holte Macs Halsband und die Leine aus seinem Rucksack und tauschte

sie gegen die geliehenen Sachen aus. „**Tschüss**, Amelie. Irgendwie bin ich mir sicher, dass es dir in Welford gefallen wird."

Amelie winkte, als Mandy zurück zur Klinik ging. „Hoffentlich hat sie recht", dachte sie.

„Dann also **los!**", sagte Sam und band Macs Leine am Lenker seines Fahrrads fest. „Es ist nicht weit."

Sam schob sein Rad, Mac trottete neben ihm her und Amelie lief auf der anderen Seite. Zurück ins Dorf wählten sie den Weg am Fluss entlang. Ein paar Jogger kamen ihnen entgegen, ansonsten war alles ruhig und friedlich. Insekten

schwirrten über der Wasseroberfläche und ein Reiher steckte seinen Schnabel ins seichte Uferwasser.

„Wie lange wohnst du schon in Welford?", fragte Amelie.

„Schon immer", antwortete Sam. „Und du?"

„Ich bin gerade erst mit meiner Mutter hergezogen", erklärte Amelie. „Wir wohnen bei meiner Oma."

„Wo hast du vorher gelebt?"

„Wir hatten eine Wohnung in York, mitten im Stadtzentrum", erwiderte Amelie. „Unten im Haus war ein Restaurant und auf der anderen Straßenseite Geschäfte."

„Also war es in York anders als hier", sagte Sam fröhlich.

Amelie lachte. „**Ganz anders!** Es fühlt sich

irgendwie ... na ja ... komisch an ohne meinen Papa. Meine Eltern haben sich scheiden lassen."

„Vermisst du deinen Vater?", fragte Sam.

Amelie zuckte mit den Schultern. „Ich sehe ihn an den Wochenenden", sagte sie. „Aber ja, schon. Es ist komisch ohne ihn."

„In unserem Gästehaus ist es auch manchmal merkwürdig", sagte Sam. „Mama und Papa haben immer viel zu tun, also bin ich oft allein. Deshalb habe ich Mac bekommen, damit ich ein wenig Gesellschaft habe."

„**Du Glücklicher**", sagte Amelie sehnsüchtig. „Ich hätte auch gern ein Haustier. Einen Hund oder eine Katze. Ich mag beide. Wem wohl die Katze gehört, die Mac gejagt hat? Hoffentlich geht es ihr gut."

„Das hoffe ich auch", sagte Sam besorgt.

Sie liefen um eine Straßenecke und an einem Schild vorbei, das an zwei Ketten hing und im Wind leicht quietschend hin und her schaukelte. Auf dem Schild stand *Gästehaus Zur Alten Mühle.*

Amelie hatte das Schild heute Morgen schon einmal gesehen. Plötzlich wusste sie, wo sie waren.

„**Oh**“, sagte sie überrascht. „Ich wohne ganz in der Nähe, gleich in der nächsten Straße.“

„**Cool!**“, sagte Sam. Mac wedelte mit dem Schwanz. „Ja, Mac, wir sind fast zu Hause.“

Alte Mühle war der passende Name für das Gästehaus. Krumm und verwinkelt stand es direkt am Fluss, mit schiefen Fenstern und einer gelben Eingangstür. Ein großes Mühlrad drehte sich im

Wasser und auf der anderen Seite lag grünes Weideland.

Sam lehnte sein Fahrrad an die Hauswand und löste den Knoten von Macs Leine. Der Welpe zog bereits Richtung Tür. Aus dem Gästehaus ertönte eine laute Stimme.

„**Oh, oh**", murmelte Sam.

Schnell schlüpften die beiden durch die Tür. In der Eingangshalle stand eine Frau zusammen mit einem Mann in Motorradkleidung. Mit den tiefen Falten auf seiner glänzenden rosafarbenen Stirn sah der Mann wie eine schlecht gelaunte Bulldogge aus. Die Frau trug eine geblümte Bluse und eine Hose. Sie hatte die gleichen strahlenden Augen und dunklen Locken wie Sam.

Der Mann hielt einen zerfetzten Stiefel in die Höhe. „Sehen Sie sich nur den **Stiefel** an!", rief

er aufgebracht. „Das ist der dritte, den Ihr Hund zerstört hat!“

„**Es tut mir sehr leid**, Mr Fred“, entschuldigte sich die Frau. Das musste Sams Mutter, Mrs Baxter, sein. „Mac ist noch sehr jung. Wir geben uns viel Mühe, ihn zu erziehen, aber …“

„Geben Sie sich gefälligst noch mehr Mühe oder geben Sie ihn weg", schrie Mr Fred. „Ich kann es mir nicht leisten, jede Woche ein neues Paar Stiefel zu kaufen."

„Mr Fred ist oft zu Gast bei uns", erklärte Sam Amelie leise. „Er hat häufig geschäftliche Termine in der Nähe. Jedes Mal beschwert er sich über Mac, aber Papas Frühstück schmeckt ihm so gut, dass er immer wieder kommt."

Mac bellte. Mr Fred drehte sich um und verzog das Gesicht. Die Falten auf seiner Stirn wurden noch tiefer.

„Dieser Hund", keifte er, „ist eine **einzige Plage!**" Wütend stapfte er die Treppe hinauf. Die Bilder an der Wand wackelten, als er seine Zimmertür zuknallte. Mrs Baxter seufzte.

„Mama?", sagte Sam. „Das ist Amelie."

„**Hallo**, Amelie", sagte Mrs Baxter, dann sah sie Sam streng an. „Versprich mir, dass du hart mit Mac trainieren wirst. Wir können es uns nicht leisten, Mr Fred als Gast zu verlieren."

„Das mache ich", sagte Sam und sah auf seine Schuhspitzen. „**Versprochen**."

„Dein Vater und ich würden dir ja gern helfen, aber wir haben einfach keine Zeit. Wir müssen das Frühstück zubereiten, die Betten beziehen, die Wäsche machen ..."

„Ich habe es verstanden, Mama", unterbrach Sam sie ungeduldig. „Es tut mir leid. Ich verspreche dir, dass ich mehr mit Mac üben werde."

Mac war zu einem Stuhl getrottet und schnupperte an dem hölzernen Stuhlbein.

„**Ähm**", begann Amelie. „Ich glaube, Mac muss mal."

Da hob der kleine Hund schon sein Bein und eine dunkle Pfütze breitete sich auf dem Boden aus.

„**Mac, nein!**“, rief Sam entsetzt. Mac sprang um seine Füße, japste fröhlich und sah sehr zufrieden mit sich aus. „Nicht schon wieder! Du sollst doch im Garten Pipi machen!“

„**Oh, Mac!**“, rief Mrs Baxter. „Das hat uns gerade noch gefehlt. Wenn Macs Benehmen nicht besser wird, müssen wir ihn wieder abgeben. Es tut mir leid, Sam, aber es gibt keine andere Möglichkeit. So können wir kein Gästehaus führen.“

Eine Tür öffnete sich. Amelie sah Geschirrstapel auf der Arbeitsfläche. Ein Mann mit kurzen braunen Haaren und Dreitagebart kam heraus. „Noch ein weiteres Unglück?", fragte er und hielt einen Lappen und eine Sprühflasche mit Putzmittel hoch. „Ich kümmere mich darum, Schatz", sagte er zu Mrs Baxter. „**Hallo**, Sam. Wer ist denn deine Freundin?"

„Papa, das ist Amelie", antwortete Sam.

„**Willkommen** im Irrenhaus, Amelie." Mr Baxter lachte, kniete sich hin und fing an, den feuchten Fleck wegzuwischen.

Da hörten sie das Knirschen von Reifen auf dem Schotter vor dem Haus. Durch das Fenster sah Amelie ein Auto mit Koffern auf dem Dachgepäckträger. Mrs Baxter ging

nach draußen, um die neuen Gäste zu begrüßen. Mr Baxter war mit dem Putzen fertig und ging zurück in die Küche.

Sam streichelte Mac über die Ohren. „Ich darf dich nicht verlieren", murmelte er. Er ließ die Schultern hängen. „Du darfst nicht mehr so ungezogen sein."

Amelie hatte Mitleid mit Sam, der den Welpen nun auf den Arm nahm. Mac schleckte ihm über das Gesicht. „Ich muss dafür sorgen, dass die beiden zusammenbleiben", dachte sie.

„Ich bin mir sicher, dass Mac noch lernen wird, wie man sich richtig benimmt", sagte Amelie zu Sam. „Ich könnte dir mit dem Training helfen."

Sams Gesicht hellte sich auf. „Wirklich?"

Amelie hatte noch nie mit einem Hund trainiert,

aber sie spürte, dass sie es schaffen würde. Sie sah Mac an, der sie mit gespitzten Ohren anblinzelte.

„Wir machen das gemeinsam“, versprach sie. „So schwierig wird es schon nicht sein.“

Die besondere Überraschung

„Natürlich darfst du noch bleiben." Amelie konnte das Lächeln in der Stimme ihrer Mutter hören. „Ich freue mich, dass du einen Freund gefunden hast. Oma meint, dass die Baxters eine sehr nette Familie sind. Die Törtchen können noch warten, kein Problem."

„**Danke**, Mama. **Tschüss!**" Amelie legte das Telefon zurück auf den Empfangstresen und ging zu Sam und Mac ins Wohnzimmer.

„**Sitz!**“, befahl Sam. „**Mac, sitz!**“

Der Welpe kroch unter das Sofa. Amelie sah, wie sein Schwänzchen hin und her wackelte.

„Was mache ich nur falsch?“, fragte Sam. „Er hört mir überhaupt nicht zu.“

„Wir brauchen Hilfe“, sagte Amelie. „Erlauben uns deine Eltern, den Computer zu benutzen?“

Ein paar Minuten später saßen sie im Büro vor dem Computer. Amelie tippte *Hundetraining-Video* in die Suchmaschine ein. Schon erschien auf dem Bildschirm eine fröhliche Dame mit einem großen Schäferhund. „Lobe deinen Hund, wenn er etwas richtig gemacht hat“, sagte sie. Der Hund hechelte zufrieden. „**Fein**, Danny!“

„Aber wir müssen Mac erst mal dazu bringen, überhaupt etwas richtig zu machen“, sagte Sam. „Wie sollen wir das machen?“

Amelie dachte an Mac und wie er gegen das Stuhlbein gepinkelt hatte. Sie tippte fix *Hunde-Toilettentraining* ein und überflog ein paar Artikel.

„Hier steht, dass man keinen Aufstand machen soll, wenn der Hund im Haus Pipi macht", sagte sie und deutete auf den Bildschirm. „Stattdessen soll man ihn loben, wenn er es draußen macht. Hunde lieben es, wenn sie viel Aufmerksamkeit bekommen. Auch wenn es für schlechtes Benehmen ist."

„Wir schimpfen immer mit Mac, wenn er drinnen pinkelt", gab Sam zu. „Vielleicht macht es das nur schlimmer."

Amelie nickte. „Hast du irgendwelche Leckerlis, die wir ihm als Belohnung geben können?"

Sam ging in die Küche und kam mit einer kleinen Tüte Hundekekse wieder. Amelie nahm einen Hundekeks und hielt ihn Richtung Sofa, wo Mac sich noch immer versteckte. „**Schau mal**, Mac!"

Macs Nase zuckte. Er kam aus seinem Versteck gekrochen und schnappte sich das Leckerli. Seine feuchte Nase und sein Fell waren kitzelig. Amelie musste kichern. Der kleine Hund verschlang den Keks, dann lief er im Kreis durch das Zimmer und schnupperte an den Vorhängen.

„**Oh, oh**, ich glaube, er muss schon wieder ganz dringend Pipi, schnell raus mit ihm", vermutete Amelie.

Sam hob Mac schnell hoch und sie eilten mit ihm in den sonnigen Garten. Kaum hatte Sam den kleinen Terrier abgesetzt, hob der das Bein an einem Rosenbusch.

„Lobe ihn", drängte Amelie.

„**Gut gemacht**, Mac", sagte Sam, als der Welpe fertig war.

„**Sehr gut**", sagte Amelie und streichelte Macs Bäuchlein.

Sam gab ihm zur Belohnung noch einen Hundekeks. „Das war echt gut. Aber wie bringen wir ihn dazu, sich das nächste Mal daran zu erinnern, was er machen soll?"

„Die Frau in dem Video hat gesagt, dass man

es sehr oft wiederholen muss", sagte Amelie. „Dann lernt er es."

„**Klingt spaßig!**", meinte Sam grinsend.

Mac lief im Zickzack über die Wiese und schnüffelte im Gras. Dann rannte er zur Garage und schnupperte an der Tür. Amelie und Sam waren überrascht, als der Terrier auf einmal bellte und mit dem Schwanz wedelte.

„Was ist in der Garage?", fragte Amelie.

„Nur Gartenzeug und Mr Freds Motorrad", antwortete Sam stirnrunzelnd. „Was Mac wohl gerochen hat?"

„Vielleicht Mäuse", schlug Amelie vor. „Oder vielleicht hat sich ein Vogel verflogen und ist darin gefangen. Komm, sehen wir lieber nach. Aber Mac bringen wir besser ins Haus, damit er niemanden erschreckt."

Nachdem Sam den quirligen Terrier ins Haus gebracht hatte, öffneten sie das schwere Garagentor und sahen hinein. In der Garage war es düster. Es fiel lediglich ein wenig Licht durch ein schmales, halb geöffnetes Fenster. Das Motorrad von Mr Fred glänzte. Auf einer Seite entdeckte Amelie einen Stapel Ölkanister und auf Regalen an der Wand standen Kisten mit Schraubenziehern, Hämmern und Farbtöpfen. An der hinteren Wand lehnten Rechen und Spaten. Und irgendwo mittendrin fiepte etwas.

„Hörst du das?", flüsterte Amelie.

Sam nickte mit großen Augen.

Sie schlichen in die Garage hinein. Amelie suchte hinter dem Motorrad und Sam auf den Regalen. Als sie sich den Gartengeräten näherten, wurde das Fiepen lauter. Auf dem Boden lag eine lederne Motorradjacke und auf dieser Jacke lagen ...

„**Oh!**", hauchte Amelie entzückt.

Vier kleine Kätzchen hatten sich dort zusammengekuschelt. Sie waren so klein, dass ihre Ohren noch dicht am Köpfchen anlagen und ihre Augen geschlossen waren. Sie konnten erst wenige Tage alt sein.

„**Kätzchen!**" Sam klang benommen. „Warum liegen sie auf Mr Freds Jacke?"

Eines der Kätzchen hatte rot-orangefarbenes Fell. Die anderen waren weiß-braun-rot gefleckt. Weiß-braun-rot gefleckt ...

Amelie erinnerte sich an die Katze, die Mac zuvor gejagt hatte. Sie hatte genau dieses Fellmuster gehabt. Amelie wusste, dass man es Schildpatt nannte und es äußerst selten vorkam.

Jetzt, als sie so darüber nachdachte, war die Katze vorhin tatsächlich aus Richtung des Gästehauses gekommen.

Plötzlich passte alles wie bei einem Puzzle zusammen. „Mac muss die Mutter der Kätzchen gejagt haben", sagte sie. „Sie ist hier in der Garage gewesen. Deshalb ist Mac auch weggelaufen, als du ihn baden wolltest. Er hat sie gesehen und ist ihr nachgerannt."

Die Kätzchen waren wirklich noch winzig. Sie

maunzten leise und reckten ihre Pfötchen unbeholfen in die Luft. Ihre Mäulchen standen offen.

„Ich glaube, sie haben Hunger", sagte Sam besorgt.

Amelie nickte. In ihrem Bauch grummelte es vor Sorge. „Wenn sie nicht gefüttert werden, dann sterben sie vielleicht", dachte sie bekümmert.

„Ich finde, wir sollten die *Tierklinik Pfötchen* anrufen und um Rat fragen", meinte Amelie.

Amelie und Sam liefen zurück ins Haus und direkt in die Küche, wo Mac tief und fest in seinem Körbchen schlief.

Sams Vater sah von der Spülmaschine auf, die er gerade mit schmutzigem Geschirr belud.

„Können wir bitte dein Handy benutzen, Papa?", fragte Sam außer Atem. „Wir haben in der Garage ganz kleine Kätzchen gefunden!"

Mr Baxter blickte überrascht auf. „**Klar**, könnt ihr. Geht es den Kätzchen gut?" Er zog sein Handy aus der Tasche und reichte es Sam.

„Wir sind uns nicht sicher", antwortete Amelie, während Sam die Telefonnummer der Tierklinik eintippte. Er schaltete den Lautsprecher ein, damit Amelie mithören konnte.

„Scheint so, als wären es Neugeborene", meinte Mrs Hope, nachdem Sam der Tierärztin alles erklärt hatte. Sie klang besorgt. „Sie sollten alle zwei Stunden gefüttert werden. Wie lange ist es her, dass Mac die Katzenmama verjagt hat?"

Amelie sah auf die Uhr an der Küchenwand. Ihr Magen zog sich zusammen. „Ungefähr zwei Stunden", sagte sie.

Mrs Hope holte tief Luft und Amelies Magen

krampfte sich noch mehr zusammen. „Sie brauchen **dringend Hilfe**, um zu überleben", sagte Mrs Hope eindringlich. „Könnt ihr sie sofort zur *Tierklinik Pfötchen* bringen? Ihr dürft sie aber nicht anfassen, das ist sehr wichtig. Wenn sie einen fremden Duft aufnehmen, wird die Mutter sie später vielleicht nicht mehr annehmen."

„Ich fahre euch hin", bot Mr Baxter an, der ihnen zugehört hatte. „Die Arbeit kann warten. Das Leben der Kätzchen ist sehr viel wichtiger."

Sam rannte zu einem Schrank und holte einen Karton mit Videospielen heraus. Er schüttete die Spiele aus. Dann eilten sie gemeinsam zurück in die Garage. Mr Baxter half ihnen, die Kätzchen samt der Jacke vorsichtig hochzuheben. Sie achteten sorgfältig darauf, die Kätzchen ja nicht zu berühren. Das Maunzen der Kleinen brach

Amelie fast das Herz. Sie hätte sie so gern gestreichelt, um sie zu beruhigen, aber das durfte sie nicht riskieren. Es wäre schrecklich, wenn die Mutter ihre Jungen wegen Amelies Duft später ablehnen würde.

Mr Fred kam aus dem Haus, als Sam, Amelie und Mr Baxter gerade zum Auto liefen. Amelie trug den Karton mit den Kätzchen, über dessen Rand ein Jackenärmel hing. Als Mr Fred den Ärmel sah, runzelte er die Stirn.

„Der Hund hat ja wohl nicht auch noch meine Jacke zerkaut, oder?“, schimpfte er. „Von allen ...“

„Schon gut, Mr Fred“, unterbrach Mr Baxter ihn schnell und schloss gleichzeitig das Auto auf. „Wir bringen Ihnen die Jacke zurück, sobald wir diese Kätzchen in der *Tierklinik Pfötchen* abgegeben haben."

Mr Fred zog die Augenbrauen hoch. „Kätzchen?" Neugierig warf er einen Blick in den Karton.

Die Kätzchen wanden sich auf der Jacke und schmiegten sich an das Leder. Amelie fand, dass Mr Freds Gesichtszüge bei dem Anblick der kleinen Tiere schon etwas weicher wurden.

„Kätzchen auf meiner Jacke", murmelte er. „Na ja, besser als ein ungezogener Welpe." Er winkte mit seiner großen, haarigen Hand. „**Keine Eile**, keine Eile. Behaltet die Jacke, solange ihr sie braucht."

Sie stiegen ins Auto. Amelie hielt den Karton auf ihrem Schoß fest. Als Mr Baxter losfuhr, sah

Amelie, dass Mr Fred immer noch in der Einfahrt stand und ihnen nachschaute.

„Ich glaube, er mag die Kätzchen", sagte sie.

„Er mag sie auf jeden Fall lieber als Mac", sagte Sam düster. „Das ist klar. Denkst du, der kleinen Roten geht es gut?"

Amelie sah in den Karton. Die drei gefleckten Kätzchen maunzten, aber das rote war still, lag auf der Seite und bewegte sich kaum. Amelies Herz fing an zu rasen.

Waren sie schon zu spät?

Sorge um die Kätzchen

Während Mr Baxter einen Parkplatz suchte, trugen Amelie und Sam den Karton mit den Kätzchen bereits in die Tierklinik. Auf der Treppe passten sie ganz besonders gut auf. Obwohl es im Warteraum voll war, winkte Julia sie direkt in ein Behandlungszimmer durch. Mrs Hope hielt ihnen die Tür auf.

„Als Allererstes müssen wir die Kätzchen aufwärmen", sagte Mrs Hope, als Sam und Amelie den Karton hineintrugen. „Normalerweise werden sie durch die Körperwärme ihrer Mutter warm gehalten, aber wir müssen nun einen Brutkasten verwenden. Adam musste weg und einem Schwan helfen, der sich in einer Angelschnur verfangen hat. Mögt ihr mir ein wenig helfen?"

Amelie war auf einmal ganz aufgeregt. Sie konnte kaum glauben, dass das alles wirklich geschah. Sam grinste sie an. „Wir helfen liebend gern", sagte sie. „Das wäre ganz **wunderbar**."

Mrs Hope zog Plastikhandschuhe an und hob jedes Kätzchen vorsichtig aus dem Karton. Sie untersuchte es kurz und legte es anschließend in den Brutkasten. Dann zeigte sie Sam und Amelie, wie man Milchpulver anrührte, das speziell für junge Katzen war.

„Wir erwärmen die Milch und füllen sie dann in diese Fläschchen", erklärte sie.

Amelie half Sam, die kleinen Flaschen zu befüllen und mit den weichen Gummisaugern zu verschließen. Während sie und Sam beschäftigt waren, warf sie immer wieder einen Blick in den Brutkasten und biss sich angespannt auf die Lippe. Mrs Hope gab Sam und Amelie ebenfalls Plastikhandschuhe, damit sie ihren Geruch nicht auf die Kleinen übertrugen. Dann reichte sie jedem ein Kätzchen. Sam bekam ein geflecktes, Amelie das mit dem roten Fell. Mrs Hope kümmerte sich um die anderen beiden.

Das Kätzchen fühlte sich in Amelies Händen leicht wie eine Feder an. Sein Fell war ganz flauschig. Als es Amelies Finger umklammerte, bohrten sich die kleinen Krallen wie winzige Nadeln in ihre Haut. Voller Begeisterung betrachte Amelie das kleine Tier und hatte das Gefühl, kaum atmen zu können.

„Es ist ein Junge“, erklärte Mrs Hope und zeigte Amelie, wie sie den Kleinen halten sollte. „Katzen mit rotem Fell sind fast immer männliche Tiere. Und gefleckte wie die Schildpatt-Katzen fast immer weibliche. Wir haben übrigens schon eine Suchanfrage über unsere Webseite gestartet, ob jemand seine Katze vermisst.“

„Hat schon jemand geantwortet?“, fragte Amelie hoffnungsvoll.

Mrs Hope schüttelte den Kopf. „Aber es ist ja auch noch nicht lange her.“

Sie hielten den Kätzchen die Milchfläschchen dicht vor das Maul. Die drei gefleckten Tiere fingen an zu nuckeln und saugten so gierig, dass Milch über ihre

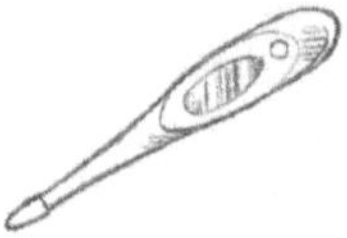

Schnauzen spritzte. Amelie atmete erleichtert aus. Sie hatte gar nicht gemerkt, dass sie die Luft angehalten hatte. Dann blickte sie auf das Kätzchen in ihren Händen. Es hatte den Kopf von dem Sauger weggedreht.

„**Na komm**“, flüsterte sie. „Deine Schwestern trinken auch. **Du schaffst das!**“

Aber der kleine Kater schien noch nicht einmal die Kraft zu haben, seinen Kopf etwas zu heben.

Sam beobachtete ihn ebenfalls. „Ich fühle mich **schrecklich!**“, sagte er. „Wenn ich mit Mac mehr trainiert hätte, wäre er nicht weggelaufen und hätte die Katzenmama nicht verjagt. Und dann wären die Kätzchen jetzt gar nicht hier ...“

„Das konntest du doch nicht wissen“, versuchte Amelie ihn zu beruhigen und bemühte sich, ihre Stimme nicht zittern zu lassen.

„Gib dir nicht die Schuld", sagte Mrs Hope. Sie nahm Amelie die Flasche aus der Hand und stupste dem kleinen Kater mit der Spitze des Saugers gegen das Mäulchen. Er zuckte kurz. Mrs Hope drückte den Sauger erneut gegen seine Schnauze. Mit zitternden Schnurrhaaren öffnete er das Maul. Endlich fing er an zu trinken. Amelie lächelte erleichtert. Mrs Hope gab ihr das Fläschchen zurück und sie hielt es, solange das Kätzchen trank. Sie fütterte tatsächlich ein Kätzchen!

„Ihr habt sie gerade noch rechtzeitig zu uns gebracht", meinte Mrs Hope. „Der kleine Kater wird viel Hilfe brauchen, aber – **Daumen drücken!** – es sieht so aus, als würden sie alle überleben." Als die Kätzchen ausgetrunken und sich im warmen Brutkasten zusammengekuschelt hatten, wurde der Himmel vor dem Fenster

der Klinik bereits dunkel. Amelie konnte nicht fassen, wie schnell der Tag vergangen war.

Vom Empfang hallte Lärm zu ihnen herüber. Glastüren schlugen auf und laute Stimmen waren zu hören.

„Emily", sagte Julia und kam zur Tür gerollt. „Ein großer Hund ist gerade eingeliefert worden, er ist von einem Traktor angefahren worden. Adam ist noch nicht zurück, also könntest du ...?"

„**Natürlich**", sagte Mrs Hope, zog die Handschuhe aus und wusch sich die Hände. „Simon? **Simon!**"

Die Tür des Vorratsraums schwang auf. „Bin schon dabei", sagte Simon, die Arme voll mit Verbänden. Er eilte quer durch die Halle zu einem der Operationszimmer.

Sam wandte sich betrübt Amelie zu. „Keiner

hat Zeit, sich um die Kätzchen zu kümmern. Und Mrs Hope hat doch gesagt, dass sie alle zwei Stunden gefüttert werden müssen."

Eine Idee spukte in Amelies Kopf herum. Sie wünschte sich nichts sehnlicher auf der Welt, als jeden Tag in der *Tierklinik Pfötchen* helfen zu dürfen. Dies war die zweite Möglichkeit, den Hopes zu zeigen, wie hilfsbereit sie war.

„**Keine Sorge**", sagte sie. „Ich habe einen Plan ..."

„Amelie? Bist du wach, Liebes?"

Amelie rieb sich die Augen. Die Uhr auf ihrem Nachttisch leuchtete im Dunkeln – es war ein Uhr morgens. Im fahlen Licht erkannte sie ihre Mutter, die auf der Bettkante saß. Warum hatte Mama sie geweckt? Plötzlich fiel ihr alles wieder ein. „**Na klar!**", dachte sie. „Wir müssen die Kätzchen füttern!"

Der verletzte Hund, der in die Tierklinik gebracht worden war, musste operiert werden. Während Mrs Hope und Simon sich um ihn kümmerten, waren Amelies Mutter und ihre Oma gekommen, um sie und die Kätzchen abzuholen. So konnten sie die Kleinen in der Nacht bei ihnen zu Hause versorgen. Die Kätzchen schliefen im Wohnzimmer auf einem besonderen Wärmekissen, das Amelie sich in der Tierklinik ausgeliehen hatten. Für Amelie war es die erste Nacht im neuen Zuhause. Sie war besorgt gewesen, wie sie sich in einem fremden Bett und weit weg von allem Vertrauten fühlen würde. Aber sie hatte gar

keine Zeit, Heimweh zu haben. „Nicht, solange ich die Kätzchen versorgen muss!"

Sie zog ihren Bademantel und Hausschuhe an, dann tapste sie hinter ihrer Mutter die Treppe hinunter. Ihre Oma war schon in der Küche, mischte das Milchpulver an und wärmte es in den kleinen Flaschen auf. Gähnend, aber entschlossen, alles richtig zu machen, zog Amelie die Plastikhandschuhe an und trug die Fläschchen ins Wohnzimmer.

Dort nahm sie das rote Kätzchen auf den Schoß und schob ihm den Milchsauger ins Maul. Der kleine Kater trank nicht besonders viel Milch, aber es schien ihm etwas besser zu gehen. Mama und Oma fütterten die anderen drei Kätzchen. Die Uhr auf dem Kamin tickte leise. Amelies Augenlider wurden schwer und fielen beinahe zu. Zum Glück fing die Schule erst nächste Woche wieder an. Für den Unterricht wäre sie sonst viel zu müde gewesen. Das zufriedene Schnurren des kleinen Katers auf ihrem Schoß machte sie wieder munter. „Er verlässt sich auf mich ..."

Amelie hatte sich bisher noch nie um ein Haustier gekümmert und war überrascht, wie anstrengend und wie wunderschön es zugleich war. „So muss sich Sam mit Mac jeden Tag fühlen", dachte sie.

„**Gute Nacht!**", sagte Amelie zu ihrer Mutter und Großmutter, als das Füttern vorbei war und die Kätzchen wieder auf ihrem Wärmekissen lagen. „Bis in zwei Stunden zur nächsten Fütterung."

„Das können doch Oma und ich übernehmen", schlug ihre Mutter vor. „Dann kannst du länger schlafen."

Amelie schüttelte den Kopf. „**Danke**, Mama", sagte sie. „Aber ich möchte mich wirklich gern um die Kleinen kümmern."

In ihrem Zimmer setzte sie sich auf die Fensterbank, um ihre Hausschuhe auszuziehen. Durch einen Spalt im Vorhang konnte sie den Umriss des Gästehauses sehen, das sich dunkel vom mondhellen Nachthimmel abhob. Ein Fenster war erleuchtet.

Müde kuschelte sich Amelie unter ihre Bettdecke. „Vielleicht ist Sam wach und macht sich Sorgen um die Kätzchen", überlegte sie. Es war schön zu wissen, dass er in der Nähe war. „Hoffentlich kommen sie durch ..."

Wo ist die Katzenmama?

Am nächsten Tag klingelte es schon um sieben Uhr morgens an der Haustür. Amelie öffnete die Tür und vor ihr standen Sam und Mac.

„**Hallo**", sagte sie gähnend.

„Ich wollte nach den Kätzchen sehen", sagte Sam ungeduldig. „Geht es ihnen gut?"

Amelie rieb sich die Augen. „**Komm mit**."

Sam band Mac vor dem Haus an und folgte Amelie ins Wohnzimmer. Amelies Oma saß auf dem Sofa und fütterte den roten Kater mit dem Fläschchen. Ihre Mutter saß am Fenster und gab einem der gefleckten Kätzchen Milch.

„Der kleine Kater trinkt!", sagte Sam erfreut.

„Ja, toll, oder?" Amelie war ganz ausgelassen vor Erleichterung und Stolz. „Heute Morgen geht es ihm schon viel besser. Oma, du kennst doch Sam, oder? Sam, das ist meine Mutter."

„Bei uns ist immer was los, Sam", sagte Amelies Mutter. „Willst du ein Kätzchen füttern?"

Sam grinste. „Echt? **Cool!**"

In der Küche rührte Amelie noch mehr Milchpulver an und erzählte Sam von der letzten

Nacht. „Hast du die Mutterkatze gesehen?", fragte sie.

Sam schüttelte den Kopf. „Ich habe Angst, dass sie nicht mehr zurückkommt."

„Dann sollten wir sie suchen", meinte Amelie und füllte die restlichen Flaschen auf.

Als alle Kätzchen gefüttert waren, ging Amelie mit Sam und Mac zurück zum Gästehaus. Mac lief brav an der Leine. Der Welpe wehrte sich auch nicht, als Sam ihn vom Straßenrand weg-zog, wo der Hund ausgiebig schnüffelte. An einem Busch hob Mac sein Beinchen und Sam hatte sofort ein Leckerli für ihn bereit.

„**Brauer Junge!**", lobte Sam ihn und streichelte Mac liebevoll über den Kopf. „Vorhin hat er in die Küche gepinkelt", erzählte er Amelie. „Aber ich habe es so gemacht, wie du es vorgeschlagen hast. Ich habe nicht geschimpft oder so. Ich glaube, er lernt es allmählich."

„**Klar** lernt er es", sagte Amelie und streichelte Mac ebenfalls. „In dem Video wurde gesagt, dass Hunde ihren Herrchen gern eine Freude machen. Sie müssen nur lernen, wie das geht."

Sam brachte Mac in die Küche, dann gingen Amelie und er in den Garten, um nach Spuren

der verschwundenen Katzenmama zu suchen. Sie sahen unter die Büsche und suchten am Flussufer, hinter dem Schuppen und in den Blumenbeeten. Amelie erinnerte sich an den Suchaufruf, den Mrs

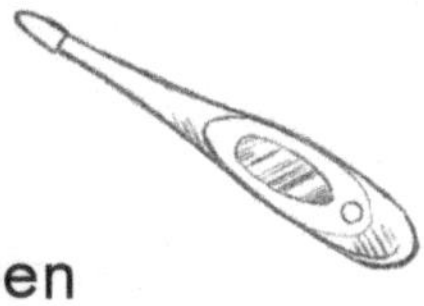

Hope auf die Webseite der Klinik geschrieben hatte. Ob sich wohl schon jemand wegen einer vermissten Katze gemeldet hatte? „Ich werde in der Klinik anrufen, sobald ich wieder zu Hause bin", beschloss sie.

Ihr Blick fiel auf etwas rot Geflecktes, das im Maschendrahtzaun flatterte, der das Grundstück von Sams Familie von dem des Nachbarn trennte.

„**Sam!**", rief sie. „Sieh dir das an!"

Sam krabbelte aus einem Blumenbeet und wischte sich den Schmutz von den Knien.

„Ein **Fellbüschel**", stellte er überrascht fest. „Glaubst du, es stammt von der Katze?"

Amelie löste das Büschel aus dem Zaun und betrachtete es genauer. „Es hat mehrere Farben, genau wie das Fell von Schildpatt-Katzen."

„Dort drüben liegt der Bauernhof von Mr

Stevens", erklärte Sam und nickte über den Zaun. „Er ist sehr nett."

„Vielleicht ist die Katze ja bei ihm", vermutete Amelie. „In der Scheune gibt es bestimmt viele Mäuse."

Sam strahlte. „Dann lass uns Mr Stevens fragen, ob er sie gesehen hat."

Sie sagten Mrs Baxter Bescheid und ließen Mac in seinem Körbchen schnarchen. Mit einer Dose Thunfisch und einem alten Katzenkorb, den Sam im Schuppen gefunden hatte, machten sie sich auf den Weg zum benachbarten Bauernhof. Amelie öffnete das Hoftor und schloss es schnell wieder sorgfältig, damit kein Tier entwischen konnte.

Zum Bauernhof gehörten mehrere große Scheunen und eine riesige Weide, auf der Kühe grasten. Eine neue Scheune war noch halb im Bau. Es war laut, denn die Arbeiter hämmerten, sägten und riefen sich Anweisungen zu.

„Das Gelände ist ja riesig", sagte Amelie mutlos, während sie sich umsah.

Sam legte die Hand an sein Ohr. „Was hast du gesagt?"

Amelie erhob ihre Stimme über den Lärm. „Ich sagte, es ist riesig hier. Wie sollen wir da bloß die Katze finden?"

Sam deutete zu einem weiß gestrichenen Wohnhaus, vor dem ein schlammbespritzter Wagen parkte. „Lass uns dort anfangen!", schrie er zurück.

Sie gingen zum Haus und klopften an. Ein Mann mit grauen Bartstoppeln auf den gebräunten Wangen und vielen kleinen Falten rund um

die Augen öffnete die Tür. Er schob seine Mütze nach hinten und sah Amelie und Sam fragend an.

„**Hallo**, Mr Stevens“, sagte Sam. „Das ist meine Freundin Amelie. Wir suchen nach einer vermissten Katze. Haben Sie sie gesehen?“

Mr Stevens machte ein nachdenkliches Gesicht. „Wie sieht sie denn aus?"

„Sie hat weiß-braun-rot geflecktes Fell", erklärte Amelie. „Sie ist dünn und hat weiße Pfoten."

„Sie hat erst vor wenigen Tagen vier Kätzchen bekommen", erzählte Sam. „Wir müssen sie unbedingt finden, damit sie sich um die Kleinen kümmert."

Mr Stevens nickte. „Ich habe tatsächlich so eine Katze gesehen. Sie schien Angst vor Menschen zu haben. Ich habe versucht, sie anzulocken, aber sie hat mich nicht in ihre Nähe gelassen."

Zum ersten Mal kam Amelie der Gedanke, dass die Katze vielleicht gar keinen Besitzer hatte.

„Von den Kätzchen wusste ich nichts", fuhr Mr Stevens fort. „Ich habe die Katze schon länger nicht mehr gesehen, aber ich kann euch zeigen, wo sie normalerweise gern ist."

Amelie und Sam eilten dem Bauern hinterher, der zu den Scheunen ging. Der Lärm der Maschinen erfüllte die Luft. Ein Bauarbeiter fuhr mit einem Gabelstapler über den Hof und brachte Holzlatten.

„Ich habe mal gelesen, dass Katzen ihre Jungen am liebsten an einem stillen Ort zur Welt

bringen!", schrie Amelie über den Lärm hinweg, als sie die erste Scheune betraten. Im Inneren war es dunkel und muffig, Heuballen lagen herum. „Vielleicht ist sie vor dem Lärm der Bauarbeiten in Sams Garage geflohen."

Mr Stevens nickte. „In letzter Zeit war es hier sehr laut." Er deutete auf die Heuballen. „Dort schläft sie gern. Seid **vorsichtig!** Die Ballen sind schwer, versucht sie nicht zu bewegen."

Er ließ die zwei Freunde allein. Sam öffnete den Katzenkorb und stellte die Thunfischdose hinein. Sie stellten den Käfig auf einen Heuballen, versteckten sich hinter einem Stapel Ballen und warteten. Amelies Herz pochte. Still zu sitzen fiel ihr schwer, zumal die Strohhalme sie durch die Kleidung kitzelten. Sam saß neben ihr. Sie konnte spüren, wie angespannt er war. „Hoffentlich ist die Katze hier ..."

Die Warterei zog sich ewig. Amelie schlief beinahe ein. Sie war müde von der langen Nacht und dem regelmäßigen Füttern der Kätzchen, aber sie würde es jederzeit wieder tun. Da stieß Sam sie plötzlich an und zeigte auf etwas.

Aus einer staubigen Ecke näherte sich ein Schatten. Amelie hielt die Luft an. Die Katze war noch dünner, als Amelie sie in Erinnerung hatte. Vorsichtig schlich das Tier zwischen den Heuballen hindurch Richtung Katzenkorb. Ihre Schnurrhaare zuckten. „Noch ein kleines bisschen", dachte Amelie und drückte fest die Daumen. „Noch ein bisschen ..."

Doch auf einmal wedelte Sam mit der Hand vor seiner Nase herum. Amelie wusste genau, was gleich passieren würde. **Oh nein!**

„**Hatschi!**", nieste Sam. Der Nieser übertönte sogar den Lärm der Bauarbeiten draußen. Die Katze erstarrte und ihr Schwanz bauschte sich auf. Dann sauste sie blitzschnell die Heuballen hoch und sprang auf einen Holzbalken, der das Dach stützte. Immer höher kletterte sie die Balken hinauf.

„Ich habe Heustaub in die Nase bekommen", sagte Sam schniefend. **„Es tut mir leid."**

Die Katze kauerte auf dem höchsten Balken und starrte zu ihnen hinunter. Weder Sam noch Amelie konnten zu ihr hochklettern. Das war viel zu gefährlich. Wenn sie abstürzten, würden sie sich schwer verletzen. Ab und zu spannte die

Katze die Muskeln in ihren Beinen an, als wolle sie springen, aber sie blieb sitzen.

„Es geht ihr doch gut da oben, oder?", fragte Sam besorgt. „Ich glaube, Katzen mögen es, weit oben zu sein, richtig?"

„Ja, das tun sie", sagte Amelie und nickte. „Aber sie ist wirklich *sehr* weit oben ..."

Angst erfasste sie. „Sam, ich glaube, sie steckt in der Klemme!"

Ende gut, alles gut!

Sam lief aus der Scheune, um Mr Stevens zu holen.

„Spring nicht", flehte Amelie verzweifelt, als die Katze miaute und ihren Schwanz hin und her schwang. „**Bitte, spring nicht!**"

Mr Stevens kam mit Sam in die Scheune geeilt. „**Arme Katze!**", sagte er. „Ich habe leider keine Leiter, die lang genug ist, um dort hochzusteigen."

Amelie fiel etwas ein, das sie draußen auf

dem Hof gesehen hatte. „Was ist denn mit dem Gabelstapler? Wenn die Heuballen hoch genug gestapelt wären, könnte die Katze vielleicht sogar selbst herunterklettern."

Ein paar Minuten später sahen Sam und Amelie gespannt zu, wie der Bauer mit dem Gabelstapler in die Scheune fuhr und die Heuballen neu aufschichtete. Dann stellten sie den Katzenkorb mit dem Thunfisch auf den Boden und ließen die Katze in der Scheune allein.

„Hoffentlich funktioniert es", sagte Sam. Er lugte vorsichtig durch das Tor, das sie einen Spalt offen gelassen hatten. Auch Amelie linste in die Scheune hinein. Das Herz schlug ihr bis zum Hals.

Die Katze wartete einige Minuten, dann sprang sie plötzlich mit gestreckten Pfoten los und landete auf dem obersten Heuballen. Sam und Amelie sahen sich erleichtert an. Amelie hätte am liebsten gejubelt, aber sie wollte die Katze nicht schon wieder erschrecken. Leichtfüßig hüpfte die Katze von Ballen zu Ballen, bis sie zum Katzenkorb kam. Sie streckte sich und schaute neugierig hinein. Dann sprang sie mit einem Satz in den Korb.

Amelie rannte in die Scheune und klappte die Käfigtür zu. Die Katze fauchte und rüttelte wütend am Korb, als sie begriff, dass sie gefangen war.

Durch die Gitterstäbe sah Amelie ihre funkelnden Augen. Sie wünschte, sie könnte das verängstigte Tier irgendwie beruhigen.

„**Schon gut!**“, sagte sie sanft. „Wir bringen dich zu deinen Jungen.“

„**Klasse gemacht**", sagte Mr Stevens grinsend, als Sam und Amelie sich abklatschten. „Ihre Jungen freuen sich bestimmt, sie wiederzusehen."

Amelies Freude bekam einen Dämpfer. Die Katze war fast 24 Stunden von ihren Kleinen getrennt gewesen. Was, wenn sie nun nach Mensch rochen? Würde sie die Jungen wieder annehmen? „Bitte", dachte sie. „Bitte, es darf nicht zu spät sein."

In der Tierklinik Pfötchen hob Mrs Hope die Katze behutsam aus dem Korb. Die Katze fauchte und hieb mit ihren Krallen nach der Tierärztin, aber dann kauerte sie sich auf dem Behandlungstisch zusammen und ließ sich geduldig untersuchen. Amelies Mutter und Oma hatten die kleinen Kätzchen in die Klinik gebracht. Sie lagen wieder in dem wärmenden Brutkasten.

Während Amelie ungeduldig auf das Ergebnis der Untersuchung wartete, knabberte sie vor Aufregung an ihren Fingernägeln. Hinter ihr drehte Mr Stevens nervös seine Kappe zwischen den Händen.

„Die Katzenmama ist sehr dünn und hat eine Schnittwunde an der Pfote", sagte Mr Hope schließlich und richtete sich auf. „Aber ansonsten ist sie bei guter Gesundheit." Er tupfte eine Flüssigkeit auf den Nacken der Katze. „Flohmittel", erklärte er. „Und eine Wurmkur bekommt sie von uns auch."

Amelie war furchtbar erleichtert. Die Katze maunzte unruhig, während Mrs Hope sie mit dem

Mikrochip-Scanner untersuchte, den Mandy zuvor auch bei Mac benutzt hatte.

„Kein Chip", stellte Mrs Hope fest.

„Dann ist sie eine Streunerin", sagte Amelie.

„So wie ihr Fell aussieht, stimme ich dir zu", meinte Mrs Hope. „**Komm her, Süße!** Es wird Zeit, dass du zu deinen Jungen zurückkehrst."

Mr Hope öffnete den Deckel des Brutkastens und Mrs Hope setzte die Katzenmama hinein. Die Katze stand für einen Augenblick nur da und sah die Kätzchen verunsichert an. Sie näherte sich ihnen ein wenig, blieb dann aber wieder stehen und starrte die maunzenden Kleinen an. Ihre Ohren waren nach vorn gerichtet. Noch ein Schritt.

Amelie warf Sam einen verunsicherten Blick zu. Was, wenn sie die Kätzchen zu häufig berührt hatten und ihre Mutter sie deswegen verstieß? Nach allem, was passiert war, durfte das jetzt nicht schiefgehen.

Die Katze streckte langsam ihre rosa Zunge aus und leckte erst das rote Kätzchen und dann die gefleckten ab. Zum ersten Mal, seit Amelie die Katzenmama gesehen hatte, schien sie sich vollkommen zu entspannen. Sie legte sich hin und blinzelte mit ihren bernsteinfarbenen Augen. Sofort kuschelten die Kätzchen sich dicht an sie, stupsten zaghaft gegen ihren Bauch und fingen an, Milch zu nuckeln. Sogar durch das Glas des Brutkastens konnte Amelie die Katze schnurren

hören. Sie sah zu Sam, der über das ganze Gesicht strahlte, so wie sie selbst auch.

Mr Stevens setzte sich seine Kappe mit einem breiten Lächeln auf den Kopf. „Ich würde die

Katze gern zu mir auf den Bauernhof nehmen", sagte er. „Es tut mir leid, dass ich nicht bemerkt habe, dass sie eine Streunerin ist. Sie könnte die Mäuse auf dem Hof in Schach halten."

„Sind Sie sicher? Sie mag vielleicht nicht im Haus wohnen", warnte Mrs Hope ihn, während sie am Waschbecken ihre Hände säuberte. „Streunende Katzen behalten gern ihre Unabhängigkeit."

„Nun, sie kann auch in der Scheune bleiben, wenn ihr das besser gefällt", sagte Mr Stevens nachdenklich. „Wie auch immer, ich werde sie auf jeden Fall gut füttern."

„Die Jungen müssen noch acht Wochen bei ihr bleiben", erklärte Mr Hope. „Erst dann können Sie sie abholen."

Mr Stevens streichelte das größte gefleckte Kätzchen mit der weißen Schwanzspitze. Es umklammerte seinen Finger und er musste lachen. „Die hier mag mich scheinbar", sagte er. „Dieses Kätzchen adoptiere ich auch."

Amelie war sehr froh. „Was ist mit den anderen Jungen?", fragte sie. „Dürfen sie auch mit auf den Hof?"

Doch Mr Stevens schüttelte den Kopf. „Ich kann mich nicht um fünf Katzen kümmern, **tut mir leid**."

„**Oh**", machte Sam und ließ die Schultern hängen.

„**Arme Kätzchen**“, dachte Amelie. Sie sah in den Brutkasten, wo die Kleinen sich an den Bauch ihrer Mutter geschmiegt hatten und mit den Pfötchen in der Luft spielten.

Der rote Kater hatte etwas Milch auf der Nase und schleckte sie mit seiner winzigen Zunge ab. „Mr und Mrs Hope denken, dass ich nicht in der Praxis aushelfen kann, weil ich noch zu jung bin und das zu viel Verantwortung für mich wäre", dachte sie. „Aber ich werde es ihnen beweisen. Ich werde den Kätzchen helfen."

Sie wandte sich an Mr und Mrs Hope. „Wir werden ein gutes Zuhause für sie finden", sagte sie. „**Nicht wahr**, Sam?"

Sam blickte sie für einen kurzen Moment verunsichert an, doch dann grinste er. „**Auf jeden Fall**", sagte er entschlossen.

Mrs Hope sah nachdenklich aus. „Es schadet ja nicht, wenn die beiden es versuchen, oder?", fragte sie ihren Mann.

Mr Hope stimmte ihr zu. „Also gut. Ihr zwei

könnt versuchen, ein schönes Zuhause für die Kätzchen zu finden. Aber sagt Bescheid, wenn ihr nicht weiterkommt."

„Machen wir", sagte Amelie. „Aber wir werden es schaffen. **Versprochen!**" Insgeheim dachte sie: „Und dann werden Mr und Mrs Hope einsehen, dass ich doch geeignet bin, in der Tierklinik Pfötchen zu helfen."

Die Tierärzte machten sich für ihren nächsten Patienten bereit. „Möchtest du zu uns zum Tee kommen?", fragte Amelie Sam. „Dann können wir gemeinsam überlegen, wie wir eine Bleibe für die Kätzchen finden. Außerdem musst du unbedingt eins von Mamas Salz-Karamell-Törtchen probieren. Die sind köstlich."

„**Cool**", sagte Sam. „Das wäre **super!**"

„Karamell", sagte Mr Stevens nachdenklich.

„Die Katze hat viele karamellfarbene Flecken im Fell, oder nicht? Das wäre ein passender Name für sie."

„Sehr passend", stimmten Sam und Amelie zu.

„Dann also Karamell", sagte Mr Stevens. „Und das Kätzchen?"

Amelie deutete auf die weiße Schwanzspitze. „Schneeglöckchen?", schlug sie vor.

„**Perfekt**", meinte Mr Stevens und alle lächelten.

Amelie und Sam beschlossen, zum Gästehaus zu gehen und Mac zu holen. Nebeneinander liefen die beiden zurück ins Dorf. Auf dem Teich schwammen die Enten und das Schilf am Ufer raschelte im Wind. Ein Paar Schmetterlinge tanzten über ihren Köpfen.

Amelie summte glücklich vor sich hin. Sie hatte

das Gefühl, dass es ihr in Welford so gut gefallen würde wie in York. Vielleicht sogar noch besser! Schließlich hatte sie schon viele neue Freunde gefunden – Tiere und Menschen. Sogar der Gedanke an die neue Schule nächste Woche machte ihr nicht mehr allzuviel Angst. „Welford fühlt sich noch nicht wie mein Zuhause an", dachte sie. „Aber es wird langsam."

Im Gästehaus holte Sam Macs Leine und sie spazierten mit dem Hund zu Amelies Haus hinüber. Unterwegs pinkelte Mac auf ein Grasbüschel am Straßenrand.

„**Brauer Junge!**", sagte Sam, streichelte über Macs Kopf und gab ihm ein Leckerli. „Er lernt es!" Sam kniete sich hin und umarmte den Hund. „Vielleicht darf ich den kleinen Racker doch behalten."

„Ich hoffe es", sagte Amelie.

Der Gedanke an die vielen anderen Tiere, die sie in der *Tierklinik Pfötchen* noch treffen würde, machte sie glücklich. Und die Aussicht auf neue Abenteuer mit Sam.

„Ich kann es kaum erwarten!"

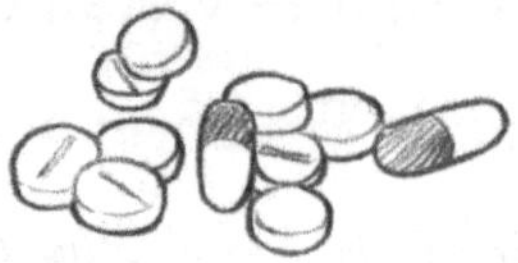

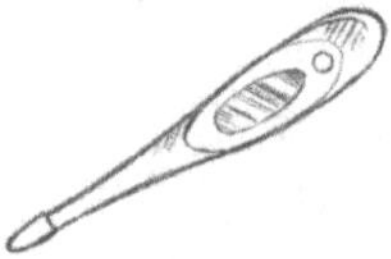

Tiertipps

Liebst du Tiere so sehr wie Amelie und Sam? Hier sind ein paar Tipps, wie du dich am besten um Tiere kümmerst.

Tierpflege

1. Tiere brauchen immer **frisches Wasser**.

2. Sie brauchen auch **Futter** – frage deinen Tierarzt, welches Futter das richtige ist und wie viel das Tier benötigt.
3. Manche Tiere, so wie Hunde, brauchen jeden Tag genug **Bewegung**.
4. Tiere brauchen auch viel **Liebe**. Du solltest immer sehr lieb zu deinem Haustier sein und darauf achten, dass du nichts tust, was es verletzen könnte.

Wann zum Tierarzt?

Manchmal werden Tiere krank. So wie du werden sie meistens von allein wieder gesund. Aber wenn sich dein

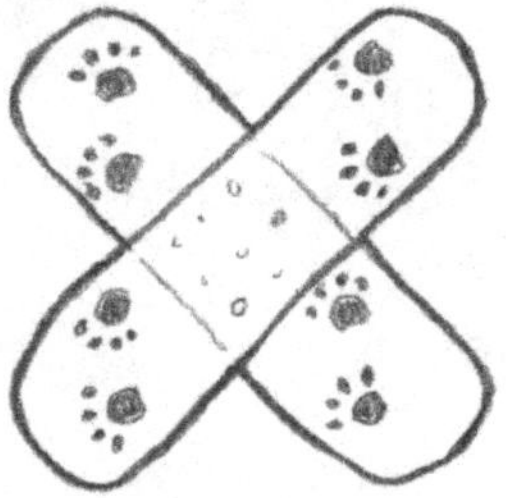

Haustier **verletzt** hat oder es ihm schlecht geht, musst du mit ihm zum **Tierarzt** gehen. Manche Tiere müssen auch **geimpft** werden, damit sie keine schlimmen Krankheiten bekommen. Dein Tierarzt kann dir erklären, was dein Haustier braucht.

Wildtieren helfen

1. Frage immer zuerst einen Erwachsenen um Erlaubnis, bevor du dich einem fremden Tier näherst.
2. Wenn du einen verletzten Vogel oder ein anderes Tier findest, das sich nicht bewegen kann, fasse es nicht an.

3. Wenn du dir Sorgen um das Tier machst, kannst du dich an den **Naturschutzbund** (NABU) wenden.

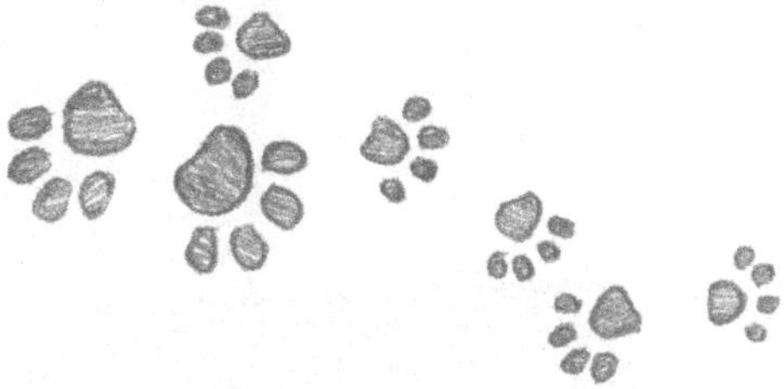

Tierklinik Pfötchen

Band 2
ISBN 978-3-7432-0544-4

Band 3
ISBN 978-3-7432-0545-1

Loewe
Das will ich lesen!

Band 4
ISBN 978-3-7432-0546-8

Band 5
ISBN 978-3-7432-0942-8

Band 6
ISBN 978-3-7432-1022-6

Loewe
Das will ich lesen!